SEUL MOYEN

DE PRATIQUER

LA LIBERTÉ, L'ÉGALITÉ, LA FRATERNITÉ.

PLUS DE CONCURRENCE,

BIEN-ÊTRE UNIVERSEL.

Prix : 50 centimes.

LA GUILLOTIÈRE,

IMPRIMERIE DE J.-M. BAJAT,

Cours d'Austerlitz, 8.

1848.

CONSTITUTION.

CHAMBRE

DE LA

RICHESSE DU TRAVAIL

ET DE

L'ÉCOULEMENT DE LA PRODUCTION,

Siégeant à Lyon ou ailleurs,

Par Melin.

PRIX : 50 CENTIMES.

LA GUILLOTIÈRE,

IMPRIMERIE DE J.-M. BAJAT,

Cours d'Austerlitz, 8.

—

1848.

Sommaire.

De même qu'il n'y a qu'un soleil, qu'un Dieu dans le globe, de même il ne doit y exister qu'un centre-commun de l'organisation du travail et de l'écoulement de la production.

Ce centre-commun d'élaboration, d'organisation, de produire et de consommer, réside dans l'universalité des travailleurs, des producteurs, des consommateurs. Le moteur, pour cette organisation, consiste dans le droit et le devoir de chacun d'eux, et dans l'unité ; plus l'association sera unitaire, plus elle sera parfaite.

L'universalité ou la souveraineté des producteurs, des consommateurs associés est une, indivisible et inaliénable.

Le suffrage des producteurs, des consommateurs, est direct et universel.

Le travailleur consommateur, associé de la République française, délègue le pouvoir législatif de la production et de son écoulement à une assemblée unique et permanente, nommée *Chambre de la richesse du travail et de son écoulement.*

Le peuple français associé, travailleur, consommateur, délègue le pouvoir exécutif de la production et de son écoulement à un citoyen qui prend, ou mieux, auquel il est donné le titre de président du travail et de son écoulement.

Voilà les grands principes de la nouvelle constitution et charte de la production et de son écoulement.

CONSTITUTION.

———•———

SECTION I.

Au nom de la nature et de l'humanité dans laquelle tous les citoyens, travailleurs, consommateurs, tous les peuples sont solidairement unis, comme les membres d'un même corps, et en présence de la grève de l'ouvrier de temps en temps, et de l'absence du travail, faute d'unité dans l'organisation du travail, le travailleur, le consommateur de la République française, déclare qu'il reconnaît des droits et des devoirs, et pour le travail, et pour l'écoulement de la production, se résumant dans ce triple dogme :

LIBERTÉ, ÉGALITÉ, FRATERNITÉ.

ARTICLE PREMIER.

L'organisation du travail, l'écoulement de la production, sont nécessaires pour tous. L'expression du vœu des producteurs et des consommateurs en sont l'essence, ainsi que leur union et leur dévoûment.

ART. 2.

Devoir à l'ouvrier, au consommateur, de se réunir en comité pour s'unir, s'entendre, se concerter et statuer sur les moyens de travailler et de découvrir l'écoulement de la production.

Art. 3.

Obligation au travail pour tous, devoir à la République et aux membres de l'association, et aux communes, de fournir ou de prêter aux sociétaires les moyens nécessaires pour l'exploitation du travail et pour l'écoulement de la production.

Art. 4.

Au nom du droit et du devoir, il est fondé une constitution du travail et de son écoulement.

Art. 5.

Cette constitution est libre, égale, fraternelle, durable, solidaire, unitaire, humanitaire, solvable et protectionnelle.

Art. 6.

Elle assure le droit au travail, qui est celui qu'a tout homme de vivre en travaillant, et de trouver l'écoulement de la production.

Art. 7.

Cette organisation du travail est composée d'un nombre indéterminé de citoyens, et prend le nom de la *Richesse des vrais sauveurs du producteur et du consommateur.*

Art. 8.

La richesse du travail et de son écoulement est démocrate en France, elle est une, indivisible, imprescriptible et inaliénable.

Art. 9.

De la division du territoire.

Ladite Société se divise : 1° par village ou bourg ; 2° par ville ; 3° par département ou îles ; 4° par nation ; 5° par empires ; 6° par les parties du globe tout entier.

Art. 10.

Chaque village ou bourg, et ville, se subdivise par rue, chaque département ou îles, par canton, chaque nation par département, chaque partie du globe par nation.

Art. 11.

D'après les art. 2 et 8, il est créé dans la République française des comités pour chaque corps d'état, dans chaque ville, village ou bourg, et il n'existe pour tous qu'un centre commun d'autorité, sous la dénomination suivante :

Chambre de la richesse du travail et de son écoulement, siégeant à Lyon provisoirement, ou ailleurs, selon la volonté universelle des associés.

Art. 12.

Les membres ou les représentants de la chambre du travail et de son écoulement, ont le droit seuls de donner ou de délivrer des permis pour la formation de tout les comités de la République française, et de prononcer leur destitution.

Art. 13.

La chambre de la richesse du travail est composée de citoyens intelligents, intègres, justes, désintéressés.

Aucun membre provisoirement ne peut en faire partie, s'il n'est démocrate de vieille date.

Art. 14.

Les représentants de cette autorité souveraine sont élus pour un an, à la majorité relative des suffrages des associés.

Art. 15.

Des qualités et conditions pour être associé, et pour jouir des droits attachés à l'association.

1° Il faut être âgé de vingt et un an (excepté les militaires en activité de service); 2° avoir un état admis par l'association; 3° être domicilié dans le lieu où est situé le comité; 4° avoir le degré de sa raison; 5° être démocrate; 6° être incapable de tromper et de vouloir tromper; 7° signer l'adhésion à la constitution et aux règlements particuliers du comité ou corps d'état.

Art. 16.

Des droits des associés.

L'association de la richesse du travail garantit à tous les droits de l'homme, l'égalité, la liberté, la fraternité.

Art. 17.

Tous les membres sont également admissibles aux emplois de l'association, sans autres motifs de préférence que les vertus et le talent.

Art. 18.

Chacun professe dans l'association son culte avec une égale liberté. Tous les cultes sont indépendants de l'association. La société n'en salarie aucun, mais elle les protège tous.

Art. 19.

Tous les associés ont le droit de manifester leurs projets et leur opinions favorables à la société.

Art. 20.

Tout membre est libre d'adresser aux comités quelconques et même à la chambre du travail, des demandes et des pétitions ou des projets quelconques, soit individuellement, soit collectivement.

Art. 21.

La présente association assure à tous les associés, non seulement le droit au travail, mais la facilité de l'exercer avec salaire, aux vieillards, aux enfants, aux infirmes, des bienfaits, et à tous des secours dans la maladie.

Art. 22.

De l'organisation de l'association, des comités en général, et de la chambre de la richesse du travail, et de l'écoulement des produits.

Il est institué dans chaque commune de la République française, un comité d'associés, et dans chaque département un autre comité central et départemental.

Arl. 23.

Le président et les fonctionnaires des comités, sont nommés par les associés de la commune.

Art. 24.

Leur devoir s'étend uniquement aux intérêts des producteurs et des consommateurs associés de la localité.

Art. 25.

Ils nomment des commis nécessaires aux comités.

Art. 26.

Le président est obligé d'exécuter les arrêtés pris par les membres du comité.

Art. 27.

Les membres du comité de la commune font tous les ans leur inventaire en recettes et dépenses, et leur président rend compte aux associés du comité de l'emploi des fonds et des marchandises de la société.

Il en est responsable devant le jury.

Art. 28.

Le comité départemental et son président sont élus par les présidents et membres des comités de chaque commune, réunis au chef-lieu du département.

Art. 29.

Son autorité et son devoir s'étendent uniquement à ce qui concerne le département; elle nomme à tous les emplois très utiles.

Art. 30.

Le président est chargé de l'exécution des arrêtés pris par les membres du comité départemental.

Art. 31.

Le comité départemental établit chaque année son budjet en recettes et dépenses.

Art. 32.

A la fin de chaque année, son président rend compte au comité départemental de l'emploi des fonds et marchandises de l'association du département. Il en est responsable devant le jury.

Art. 33.

Le comité communal et le comité départemental sont nommés pour deux ans.

Art. 34.

Ils publient le résultat des arrêtés, délibérations, travaux à exécuter, etc. Ses comptes rendus sont imprimés et sont transmis à la chambre de la richesse du travail et de l'écoulement de la production.

Art. 35.

De l'exercice de la souveraineté de la société.

L'élection des représentants du travailleur et du consommateur associé, a lieu par le suffrage universel et direct. On suit le même mode que pour l'élection des représentants à la chambre de la Constituante au commencement de la République française.

Art. 36.

Du pouvoir législatif.

L'association de la société de la richesse du travail et de son écoulement, délègue le pouvoir législatif à une assemblée unique, nommée la *chambre* de la richesse du travail et de son écoulement.

Art. 37.

L'élection de cette assemblée a pour base la population des associés.

Art. 38.

Le nombre total des représentants de la chambre du travail et de son écoulement, sera de cinq cents, y compris les représentants de l'Algérie et des colonies françaises.

Art. 39.

Le nombre s'élèvera à cent cinquante de plus pour les assemblées qui seront appelées à refaire la présente constitution.

Art. 40.

L'assemblée de la chambre de la richesse du travail et de son écoulement, vérifie les pouvoirs de ses membres, et statue sur la validité des élections.

Art. 41.

Elle est élue pour trois ans, et renouvellée intégralement.

Elle est toujours permanente.

Art. 42.

Les représentants sont rééligibles.

Art. 43.

Aucun membre de la société ou de l'assemblée, ne peut et ne doit être nommé ou promu à deux fonctions, ni les remplir, à moins de nécessité transitoire. Dans ce cas, le nombre n'est salarié que du premier emploi occupé.

Art. 44.

Les membres de l'association exerçant des fonctions pour le compte de la société, en cas d'absence, plus d'un mois, sont supplées dans leurs fonctions et cessent d'en recevoir le traitement.

Art. 45.

Chaque employé des comités de la commune ou du département, ou de la chambre de la richesse du travail, reçoit un salaire auquel nul ne peut renoncer.

Art. 46.

La chambre de la richesse du travail et de son écoulement, rend des lois conventionnelles et des décrets. Les décrets n'ont rapport qu'à des travaux locaux et privés. Les lois conventionnelles sont générales et obligatoires pour tous les comités ou corps d'état associés.

Art. 47.

La présence de la moitié, plus un membre, d'un comité ou de la chambre, est nécessaire pour la validité du vote des lois conventionnelles ou décrets.

Art. 48.

Aucun projet de lois conventionnelles ou décrets, ne sera voté le même jour. Si l'assemblée est d'avis qu'il y a urgence, elle décide; s'il n'y a pas urgence, le projet suit le cours des principes ordinaires.

SECTION II.

Du pouvoir exécutif.

Art. 49.

Le peuple français associé, travailleur et consommateur, délègue le pouvoir exécutif à un citoyen qui reçoit le titre de président de la *chambre* de la *richesse* du travail, et de l'écoulement de la production de la République française.

Art. 50.

Pour être nommé président, il faut être né français, jouir des droits civils, et être âgé de trente-cinq ans au moins.

Art. 51.

Le président est nommé par le suffrage direct et universel des membres de l'association, selon les mêmes formes que les représentants de la chambre de la *richesse* du travail et de son écoulement à la simple majorité relative.

Art. 52.

Le président est élu pour trois ans, et n'est rééligible qu'après un intervalle de trois ans.

Art. 53.

Le président est chargé de l'exécution des conventions, des traités, spéculations, contrats de commerce, des lois conventionnelles et compromis quelconques, de la direction et surveillance de l'administration générale, tant à l'intérieur qu'à l'extérieur, de tous les comités, et de la chambre de la richesse du travail.

Art. 54.

Il ne peut, ni dissoudre les représentants de la chambre de la richesse du travail, ni suspendre la constitution, ni les lois conventionnelles.

Art. 55.

Il présente chaque année à la chambre de la richesse du travail, l'état général des affaires de l'association.

Art. 56.

Il propose et traite des projets sur les matières du travail et sur l'écoulement de la production, mais tout est ratifié par les représentants de la chambre de la richesse du travail.

Art. 57.

Il promulgue les lois conventionnelles et les décrets dans le délai d'un jour ; à son défaut, le vice-président le remplace momentanément.

Art. 58.

Le président reçoit les voyageurs, ou émissaires étrangers accrédités auprès de la chambre de la richesse du travail, et expédiés par les chambres ou comités étrangers.

Art. 59.

Le président nomme et révoque à volonté les ministres nécessaires à la chambre de la richesse du travail et de son écoulement. Ils doivent être choisis parmi les représentants de la chambre de la richesse du travail.

Art. 60.

Il nomme un commissaire près de chaque comité départemental.

Art. 61.

Les différents fonctionnaires ou agents de la société sont révoqués et remplacés de la même manière qu'ils ont été nommés.

Art. 62.

Le nombre des ministres et leurs attributions sont fixés par le pouvoir législatif.

Art. 63.

Tous les actes du président, autres que ceux par lesquels il nomme et révoque, sont contresignés par un ministre nommé *ad hoc*.

Art. 64.

Le président, les ministres, les agents et les dépositaires de l'autorité de l'association, et les présidents de tous les comités, sont responsables, chacun en ce qui le concerne, et de la chambre de la richesse du travail, et de l'administration communale et départementale.

Art. 65.

Toutes les questions de haute administration et de la chambre de la richesse du travail, et de son écoulement concernant le pouvoir exécutif à l'intérieur et à l'extérieur sont discutés avec le président par les ministres réunis en conseil.

Art. 66.

La chambre de la richesse du travail et de l'écoulement de la production, entretient continuellement des relations, des correspondances, et sur le travail et sur les matières premières, et sur le mode de fabriquer au dehors et au dedans, conduit les négociations, fait les stipulations, les échanges de bons de *travail*, de marchandises, de travaux contre marchandises, signe, fait signer et conclut tous les traités d'échange et de commerce, et autres conventions quelconques.

Art. 67.

Chaque président, et de la chambre du travail et des comités, en cas de forfaiture, sera mis en accusation par les membres de l'assemblée.

Art. 68.

Les représentants de la chambre de la richesse du travail et de l'écoulement de la production, sont divisés, tant dans le pouvoir législatif que dans le pouvoir exécutif, en sections correspondant à chaque branche du service.

1° La section intérieure ; 2° la section extérieure ; 3° la section pour les travaux publics ; 4° la section de l'agriculture ; 5° la section des machines, inventions, manufactures ; 6° la section des finances et des bons du travail ; 7° la section du travail en général, en action ; 8° la section de l'écoulement de la production ; 9° la section des travaux à exécuter ; 10° la section pour les ouvriers invalides ; 11° la section de la justice législative ; 12° la section de la justice exécutive.

Art. 69.

Chaque section est composée de quarante représentants.

Art. 70.

Chaque représentant doit travailler à sa section respective, au moins six heures par jour.

Art. 71.

Les heures du travail de chaque section sont indiquées
par la chambre de la richesse du travail et de son écoulement.

Art. 72.

Les heures des séances de la chambre de la richesse du
travail, sont fixées par elle.

Art. 73.

**De la formation des Comités de la Répu-
blique française.**

Chaque membre étant pourvu d'un livret délivré par
un comité admis par la chambre de la richesse du travail
et de son écoulement, contenant nom, prénoms, demeure, date de naissance, âge, lieu, qualité, profession, adhésion à la richesse du travail, au nombre de
cinq, peuvent créer un comité d'organisation du travail.

Art. 74.

Ils adressent une demande de constitution à la chambre
de la richesse du travail avec leur règlement.

Art. 75.

En adoptant les formalités de l'article 73, les corps
d'état d'une localité peuvent former un comité et deman-

der un permis de constitution à la chambre de la richesse
du travail et de son écoulement.

Art. 76.

La réponse à une demande en constitution est donnée
par la chambre de la richesse du travail, en deux jours
pour Lyon, en cinq jours pour le département du Rhône,
en quinze jours pour les autres départements de la République française, en un mois pour l'Europe, en trois
mois pour les autres parties du globe.

Art. 77.

La chambre de la richesse du travail siégeant à Lyon,
étant constituée et fonctionnant, délègue des voyageurs
et entre en correspondance avec villages, villes et départements, ou îles de la République française.

Elle fait des efforts pour fonder une chambre de la
richesse du travail dans chaque nation ou îles étrangères.

Art. 78.

Chaque comité communal ou départemental est composé de chaque membre des corps d'état de la localité.

Art. 79.

Chaque comité ou membre de l'association ou non,
est tenu d'affranchir lettres, correspondances quelconques, et de contribuer et de participer aux frais généraux
de la société.

Art. 80.

Chaque comité est obligé de recueillir ou d'obtenir des
adhésions, en se conformant aux articles 75 et 15.

Art. 81.

Fonds de la richesse du travail.

La chambre seule de la richesse du travail et de l'écoulement de la production, a droit de constituer la fondation de l'association pour l'exploitation du travail et de la production, et son écoulement.

Art. 82.

Son fonds est composé :

1° Du numéraire des associés capitalistes, lequel numéraire est accepté ou refusé par la chambre de la richesse du travail, selon la nécessité : l'intérêt est fixé par elle ;

2° De tous les travaux à exécuter ;

3° De toutes les matières travaillées par les membres de la société, et de celles apportées dans ladite société ;

4° De la création de billets d'échange à vue ;

5° Des prêts ou dons promis par la République et par les communes. Par mille autres moyens désignés par circulaire de la chambre.

Art. 83.

Comment le roulement et le mouvement des opérations se font.

La chambre de la richesse du travail et les divers comités de la République, se servent tour à tour tantôt de la *banque d'échange*, tantôt de *l'échange* de marchandises contre marchandises, tantôt travaux contre marchandises, et *vice versâ;* tantôt espèces contre matières premières ou marchandises, tantôt partie espèces, partie marchandises, selon le temps, les lieux, les circonstances.

Art. 84.

Lorsqu'un comité ou corps d'état fonctionne, les capitaux, le crédit, la solidarité, ne sont et ne peuvent être mis en usage que pour l'achat des ustensiles nécessaires, et que pour salarier les fonctionnaires et les ouvriers associés.

Art. 85.

Suivant cet article, aucun comité ou corps d'état n'utilisera ses fonds, ses ressources, ses bras, à des spéculations ou entreprises quelconques, ou à des travaux autres que les siens, à moins de nécessité.

Art. 86.

La fondation de chaque comité ou de chaque corps d'état, doit toujours être représentée par l'actif ou passif.

Art. 87.

Chaque comité ou chaque corps d'état tient des livres réguliers.

Art. 88.

La chambre de la richesse du travail et de l'écoulement de la production, fait son inventaire tous les ans. Il en est de même de tous les comités et de tous les corps d'état de la République française, comme il a été dit.

Art. 89.

Les comités ou les corps d'état des communes doivent

adresser leur inventaire aux comités départementaux, ceux-ci à la chambre de la richesse du travail.

Art. 90.

Des délégués sont nommés par la chambre de la richesse du travail pour inspecter et former les comités.

Art. 91.

Ils sont chargés d'examiner les livres de tous les comités, de faire un rapport sur le prix des journées, des façons, des produits, d'indiquer les lieux de l'écoulement de la production, l'origine des matières premières, et les meilleurs moyens de mécaniques, la quantité de travail fait, la production à écouler, les travaux à faire, de classer le tout, et de l'adresser à la chambre de la richesse du travail.

Art. 92.

Chaque comité et chaque corps d'état rédige et établit des statuts et des règlements conformes à son exploitation, à sa fabrication, à sa construction.

Art. 93.

Un jury industriel vérifie les produits, explique la qualité, la quantité de l'œuvre, la science, l'exactitude de l'ouvrier.

Art. 94.

Aucun comité, aucun corps d'état, ne peut et ne doit créer des statuts contraires à la constitution de la richesse du travail.

Art. 95.

Tous les comités ou corps d'état communiquent à la chambre de la richesse du travail leur constitution respective ou réglement.

Art. 96.

Des Salaires.

Le président de la chambre de la richesse du travail reçoit vingt-cinq francs par jour, les ministres quinze francs.

Art. 97.

Chaque président des comités départementaux reçoit dix francs par jour.

Art. 98.

Chaque président de village ou bourg, huit francs.

Art. 99.

Chaque commissaire de la chambre de la richesse du travail, dix francs, ainsi que chaque inspecteur.

Art. 100.

Chaque représentant de la chambre de la richesse du travail, dix francs par jour.

Art. 101.

Tous les autres salariés, soit de la chambre de la richesse du travail, soit des comités ou des corps d'état, n'obtiendront un traitement plus élevé que de huit francs par jour, en diminuant ce traitement selon les lieux et les circonstances, et le mérite des employés.

Art. 102.

Cette diminution a lieu par le jury de chaque comité ou corps d'état.

Art. 103.

Des salaires de l'ouvrier.

La chambre de la richesse du travail ayant reçu les notes de ses inspecteurs ou délégués, et celles des comités et des corps d'état, fixe alors le prix des salaires de l'ouvrier en général comme suit :

- 1° A tant par pièce (le prix est alors débattu dans les comités.)

2° A forfait pour la création des travaux supplémentaires.

3° A tant par année (les heures fixées).

4° A tant par mois (les heures fixées).

5° A tant par jour (les heures fixées).

6° Chaque comité fera tous ses efforts pour mettre l'unité des salaires.

Art. 104.

Il est accordé à l'ouvrier des primes d'encouragement pour l'ouvrage extraordinairement bien fait.

Art. 105.

La chambre de la richesse du travail créera un code de travail et de l'écoulement de la production. Ce code dérivera de la constitution et des règlements des comités et des corps d'état.

Art. 106.

Il est constitué dans tous les lieux des comités, où les produits s'écouleront facilement, des magasins dans lesquels les marchandises des diverses industries seront expédiées, déposées et vendues selon les besoins des comités.

Art. 107.

Les marchandises seront numérotées, classées en chiffres indiquant le prix, la qualité, le lieu de la fabrication, le nom du comité.

Art. 108.

Les ventes se feront au comptant, et à prix fixe.

Art. 109.

Un journal régulier d'entrée et de sortie, sera tenu par des agents de la société. Le compte rendu tous les soirs au comité de la localité.

Art. 110.

Le salaire unitaire, et le mode universel de travailler et de produire, et d'écouler, seront fixés par la chambre de la richesse du travail, selon le vœu exprimé dans les règlements de tous les comités ou corps d'état.

Art. 111.

Il sera retenu à tous les fonctionnaires, à tous les associés, sur les salaires de la société de la richesse du travail, cinq centimes par franc, pour une caisse de réserve pour impôts ou choses imprévues.

Art. 112.

La chambre de la richesse du travail et chaque comité, classeront séparément tous les noms des membres de chaque industrie et de chaque profession, sur un livre *ad hoc.*

Art. 113.

Tous les ans les bénéfices nets, déductions des salaires des fonctionnaires, des ouvriers, des frais généraux et particuliers, et d'une caisse pour les invalides et pour les faibles associés, seront partagés au marc le franc entre tous les sociétaires.

Art. 114.

Toute nouvelle invention, nouvelle machine, moyen reconnu avantageux à l'association, créée par les associés, tombe dans le domaine de la société au profit de tous ses membres sans exception.

Art. 115.

Le jury industriel de la chambre de la richesse du travail, examine les nouveaux moyens utiles à la société, et désigne une récompense aux auteurs.

SECTION III.

Du pouvoir judiciaire

Art. 116.

La justice de l'association est rendue au nom des associés.

Elle est gratuite. Les débats sont publics.

Les formes de procéder sont les plus simplifiées.

Art. 117.

Le jury est de droit fondamental, il est appliqué à tous les délits de l'association.

Art. 118.

Il est nommé dans chaque commune et dans chaque département, en un mot dans chaque comité, un jury.

Art. 119.

Dans tous les conflits entre ouvriers de diverses industries, leur jury respectif les juge.

Art. 120.

Dans tout conflit entre travailleurs d'un même comité ou même corps d'état, leur jury seul les juge.

Art. 121.

Le condamné par le jury d'un comité communal, a droit d'appel au comité départemental, lequel confirme ou révoque le jugement; dans ce dernier cas, le jury de la chambre de la richesse du travail statue en dernier ressort.

Art. 122.

Un haut jury, juge sans appel ni recours, les accusations portées par des représentants de la chambre de la richesse du travail, soit contre ses membres, soit contre le président de la chambre , soit contre les ministres ou agents quelconques de cette assemblée.

Art. 123.

Elle juge aussi les associés prévenus d'attentats ou complots contre la sûreté intérieure ou extérieure de l'association.

Art. 124.

Le haut jury est composé de jurés tirés au sort parmi les haut jurés des comités départementaux et communaux.

Art. 125.

Quand la chambre de la richesse du travail ordonne la formation du haut jury, le président de chaque comité départemental tire au sort le nom d'un membre des jurés du département.

Art. 126.

Le nombre des jurés dans chaque commune est de cinq, dans chaque département de vingt-cinq. Dans la chambre de la richesse du travail, de trente-cinq.

Art. 127.

Le haut jury est composé de soixante et un.

Art. 128.

Le jour indiqué pour le jugement, s'il y a un nombre inférieur de jurés, nommés dans les Art. 126 et 127, il sera complété par des jurés supplémentaires tirés au sort par chaque président ou siégera l'assemblée des jurés.

Art. 129.

La délibération du jury, portant que l'accusé est coupable, ne peut être rendue qu'à la majorité relative.

Art. 130.

Dans tous les cas de responsabilité des ministres ou de tous autres agents de l'association, la chambre de la richesse du travail et son président, peuvent déférer l'examen des actes de tout fonctionnaire, autre que le président de la chambre de la richesse du travail, soit devant le haut jury, soit devant le jury d'un comité départemental, dont le rapport est rendu public.

Art. 131.

Nul jury ne peut condamner le coupable à des dommages-intérêts en faveur du plaignant.

Art. 132.

Dans le cas de détournement de fonds ou de marchandises de l'association, le coupable est condamné à restituer, puis exclus de la société. Le nom, prénom, demeure, profession, âge, lieu de naissance, avec son jugement, sont affichés à la chambre et dans tous les comités de la République française, et dans les chambres de la richesse du travail à l'étranger.

Art. 133.

La chambre de la richesse du travail a le droit de réviser ou modifier la constitution, de la perfectionner selon le temps, les lieux, les mœurs, les circonstances; mais les modifications et les perfections iront toujours vers l'unité, vers le progrès humanitaire et durable de l'ouvrier.

Art. 134.

Dans chaque empire, nation, pays étranger, il sera fondé une chambre de la richesse du travail et de l'écoulement de la production, et des comités.

Art. 135.

Chaque chambre étrangère doit correspondre continuellement et mutuellement ensemble, s'entendre, s'unir, se concerter et statuer.

Art. 136.

Toutes les chambres du globe de la richesse du travail et de l'écoulement de la production, doivent suivre et observer le même mode de constitution.

Art. 137.

Toutes les chambres de la richesse du travail et de l'écoulement des produits, ne tolèrent et n'admettent nulles faillites.

Art. 138.

Toutes les chambres de la richesse du travail et de l'écoulement de la production, désirent, veulent la suppression de toutes les douanes du globe.

Art. 139.

Une chambre quelconque de la richesse du travail et de l'écoulement de la production, doit éteindre sa dette par des matières travaillées ou par du numéraire, jusqu'à parfait payement.

Art. 140.

Le droit le plus sacré que les nations reconnaissent, est le droit au travail et la faculté de l'exercer avec salaire.

9 782019 295455